FRANCISCO SUÁREZ

AF273590

DE LAS PROPIEDADES
DEL ENTE EN GENERAL
Y DE SUS PRINCIPIOS

EDITORIAL
maxtor

Diseño, maquetación e impresión:
Gráficas MAXTOR
Fray Luis de León, 20
47002 Valladolid
Tel.: 983 090 110
pedidos@maxtor.es
www.maxtor.es

I.S.B.N. : 978-84-1171-053-4

Depósito Legal : DL VA 291-2024

Índice

Francisco Suárez

Francisco Suárez, llamado el Doctor Eximio, nació en Granada el 5 de enero de 1548. Murió en Lisboa, el 25 de septiembre de 1617. En el año 1564 ingresó en la Compañía de Jesús, no sin grandes dificultades por lo débil de su constitución física y por lo corto de su capacidad intelectual. Durante el estudio en la Compañía fue preciso que se le asignara un repetidor, con objeto de que pudiera aprender las lecciones. Sin embargo, un día en que dicho repetidor le explicaba una difícil cuestión, más por obediencia que por creer que pudiera comprender algo, Suárez repitió la lección con extraordinaria precisión, añadiendo cosas de gran interés que su compañero no había mencionado siquiera.

Desde aquel momento, se hizo patente la extraordinaria capacidad mental de Suárez. Estudió teología en Salamanca, y allí adquirió gran fama, con motivo de una tesis sobre la santidad de la Virgen. En 1571 fue elegido profesor de filosofía en Segovia, y en 1575 de teología. Después pasó a Valladolid, y luego al Colegio Romano, también en calidad de profesor de teología. Su salud le forzó a volver a España, pasando a Alcalá de Henares, para sustituir a Vázquez. En esta ciudad permaneció desde 1583 a 1593. Luego enseñó en Salamanca, donde publicó sus famosas *Disputationes Metaphysicae*. Por último, desde 1597 y hasta el fin de sus días, enseñó en Coimbra.

Las obras de Suárez comienzan a publicarse en Alcalá de Henares, en 1590, durante su estancia en esta ciudad como profesor. Publicó primero un *Comentario* sobre la III parte de Santo Tomás (*Tratado sobre la Encarnación*). En 1592, *De Mysterii Vitae Christi*. En 1595, el primer tomo del *De Sacramentis*. En 1597, las *Disputationes Metaphysicae*. En 1599, *Varia Opuscula Theologica*. En 1602, *De poenitentia*. En 1606, *De Deo uno et trino*. En 1612, *De legibus* (el tratado más completo publicado sobre este tema). En 1613, *Defensio fidei*. Muchas otras obras fueron publicadas después de su muerte, como son *De gratia, De angelis, De opere sex dierum, De anima,* etc.

DE LAS PROPIEDADES DEL ENTE EN GENERAL
Y DE SUS PRINCIPIOS

Explicada ya la razón formal del objeto adecuado de esta ciencia y antes de descender a los objetos particulares, mediante varias divisiones del ente, es necesario tratar sobre las propiedades adecuadas a éste, las cuales se identifican con él, ya que el fin propio de una ciencia es demostrar las propiedades de su sujeto. Vamos a hablar aquí, pues, de las propiedades en general y, más tarde, de éstas en particular.

Y como la ciencia se sirve de ciertos principios para demostrar sus propiedades, manifestaremos también brevemente de qué principios puede o debe servirse esta doctrina. Aquí tratamos, sin embargo, de los principios cognoscitivos, que suelen ser llamados principios complejos, pues de los principios o causas reales hablaremos más tarde.

SI EL ENTE EN CUANTO ENTE
TIENE ALGUNAS PROPIEDADES
Y CUÁLES SON

1. *Los motivos de la razón de que dudemos.*

La razón de que dudemos consiste en que se requieren como mínimo cuatro condiciones para que alguna cosa sea propiedad de otra.

La primera condición es que la propiedad misma sea alguna cosa, pues si no es nada, ¿cómo podría ser una propiedad real?

La segunda, que de algún modo se distinga realmente de aquella de la cual es propiedad, pues si estuviera totalmente identificada con ella, más bien seria su esencia, o algo perteneciente a ésta, que su propiedad.

La tercera, que le convenga de modo adecuado, o que se convierta con ella; tratamos, pues, de la propiedad que conviene a algo según el segundo modo de predicar por sí, ya que esta sola es la que cae bajo la ciencia y puede ser demostrada.

Por último, la cuarta, es que el sujeto, o sea, aquel a quien pertenece la propiedad, no forme parte, intrínseca y esencialmente de la propiedad, porque, como dice Aristóteles —en el libro VII de la *Metaph.* (c. 5, tex. 18) y en el libro I de los *Analíticos posteriores* (c. 18, tex. 35)—, el sujeto no entra en la definición de la propiedad de modo intrínseco y esencial, sino sólo como añadido; de otra manera, se relacionarían de tal modo entre sí que la propiedad convendría al sujeto por el segundo modo de predicar por sí, y el sujeto a la propiedad por el primer modo, lo cual parece estar en abierta contradicción.

Sin embargo, no puede haber, con respecto al ente, alguna propiedad que reúna todas estas condiciones: en efecto, si la propiedad es real, será intrínseca y esencialmente un ente real, porque no puede ser, en absoluto, no-ser ni ente de razón, ya que, según decía, lo que no es nada o sólo es fingido por la razón, no puede ser propiedad real de un ente real; por consiguiente, debe ser algo real; y, por tanto, es un ente real quiditativa y esencialmente, pues, como antes hemos probado, en contra de Escoto, no puede ser real nada que intrínseca y esencialmente no sea ente real.

Es contradictorio, pues, que exista una propiedad real del ente real, en cuanto ente, porque si fuera una propiedad real, el ente pertenecería, por consiguiente, a la esencia de ella; y si ella es propiedad del ente, el ente no puede pertenecer a su esencia porque, como decíamos, el objeto no puede pertenecer a la esencia de la propiedad. Por otra parte, aquello que esencialmente es ente no puede distinguirse realmente del ente, como más arriba se ha probado de modo general; por consiguiente, no puede ser tampoco propiedad del ente.

Aún más, aquello que es esencialmente ente, y no es el propio ente en general, es un inferior con respecto a éste; por consiguiente, no se convierte con él, y, por tanto, no puede ser propiedad suya. Por último, aquella que esencialmente es ente, debe tener todas sus propiedades, si es que existen; por tanto, no puede una misma cosa ser propiedad del ente, y además propiedad de sí misma —lo cual, de modo evidente, repugna—, ya que entonces incluiría una propiedad semejante a sí y distinta de sí; y de ella nuevamente podría decirse lo mismo, procediendo de esta manera al infinito.

2. Primera opinión: De Escoto.

Encuentro sobre esto tres modos de pensar. El primero, que el ente tiene propiedades reales y positivas distintas realmente de él mismo, las cuales, sin embargo, no son intrínseca y esencialmente entes.

Así se halla en Escoto, en los lugares antes citados. Sus fundamentos, en cuanto a las dos últimas partes, se han tratado en los motivos de duda. La primera, no obstante, puede ser probada brevemente; en primer lugar, por la opinión general de todos aquellos que atribuyen al ente las propiedades de uno, verdadero, bueno, las cuales no son fingidas por el entendimiento, sino que le convienen al ente real y verdaderamente, y están fuera de la naturaleza del ente mismo, puesto que ser uno, etc., no se predica esencialmente de las cosas a la manera que se predica de ellas que sean ente.

Además, porque una ciencia no demuestra acerca de su objeto real más que propiedades reales; ahora bien, la Metafísica es una ciencia verdadera, que demuestra estas propiedades acerca de su objeto; existen, por consiguiente, estas propiedades reales y verdaderas. Y esto lo dio a entender Aristóteles (libro IV de la *Metaph.*, cap. 1) diciendo que esta ciencia *trata del ente en cuanto ente y de aquellas cosas que existen en el por sí;* y como no pueden existir en el ente real cosas que no sean reales, el ente tiene, por tanto, propiedades reales.

3. Segunda opinión. Algunos tomistas convienen con y divergen de Escoto.

La segunda opinión, que defienden algunos tomistas, conviene con Escoto, en principio, en que es necesario que el ente tenga propiedades reales, puesto que no puede dejar de tener propiedades, ya que, en ese caso, no sería objeto de ciencia; y, por otra parte, si no son reales no son nada, porque lo que no es real no puede siempre, por sí y necesariamente, convenir al ente, lo cual, sin embargo, pertenece a la naturaleza misma de la propiedad. Y, en consecuencia, admiten que estas propiedades se distinguen formalmente, en la realidad, del ente, puesto que esto pertenece también a la naturaleza de la propiedad real. Además, porque esta clase de propiedades no predican formalmente la esencia de la cosa, sino un modo que no pertenece a la esencia. De donde esta proposición «el hombre es ente» está en el primer modo de predicar por sí; no así esta otra: «el hombre es uno», por lo cual, Aristóteles dice —en el libro IV, de la *Metaph.*, tex. 3— que ente y uno es lo mismo, pero no simplemente y como sinónimos, sino como principio y causa.

Sin embargo, esta opinión puntualiza en contra de Escoto, que estas propiedades, aun tomadas formalmente, incluyen al ente esencialmente por las mismas razones con las que anteriormente se probó esto acerca de las diferencias o modos reales, pues ellas mismas proceden de esta clase de propiedades, supuesto que sean positivas y reales. De donde en consecuencia, afirman que en estas propiedades trascendentales no existe inconveniente en que el sujeto esté incluido intrínsecamente en la propiedad, ya que no se incluye como sujeto, sino como determinado a un cierto modo, modo que es una propiedad del mismo ente tomado en sí mismo; y puede ser adecuado a él e identificarse con él, puesto que no le determina a un género especial, sino que le afecta de cierto modo común y universal para todos los entes. Pues, como dice Santo Tomás (*De Veritates*, q. 1, art. 1), un modo expresa o añade doblemente algo a un ente, a saber: o bien como un modo especial del ente, o bien como un modo que de manera general sigue a todo ente. Por todo esto juzgan los autores de esta opinión que pueden eliminarse todos los motivos de duda expuestos al principio.

4. *Tercera opinión. De Santo Tomás y otros.*

La tercera opinión afirma que el ente no tiene propiedades positivas reales, sino que todas aquellas que se le atribuyen como propiedades suyas, sólo le añaden alguna negación o relación de razón. Esta es la opinión de Santo Tomás, expresada en *De Veritates* (q. 1, art. I y q. 21, art. 1), la cual expone también en la *Suma Teológica* (par 1, q. 5, 11 y 16) y dondequiera que trata en particular sobre estas propiedades del ente. Lo mismo sostienen Socinas (*Metaph,*. lib. IV, q. l, ad 2; q. 17 y 19, ad 7, y lib. 5, q. 14); Javelo (*Metaph.*, lib. IV) 1; Soto, en el *Comentario* a los *Predicamentos* (cap. de *propio*, q. 2, ad 2) 2; Cayetano, en el comentario a la primera parte de la *Suma Teológica* (q. 54, art. 2), y Fonseca (*Metaph.*, 1. 4, c. 2, q. 3). El fundamento de esta opinión se ha explicado en los motivos de duda expuestos al principio y, en rigor, es verdadera, aunque requiere una explicación.

SE DECLARA LA VERDADERA OPINIÓN

5. *Del predicado y sus propiedades.*

Hay que advertir, en primer lugar, que una cosa es que algún predicado sea una propiedad verdadera y real del sujeto, y otra, sin embargo, que se conciba, explique y predique por nosotros a modo de pasión o propiedad, si bien sería más propio decir a modo de atributo, de la misma manera que los teólogos hablan sobre las perfecciones divinas.

A la naturaleza, pues, de una propiedad verdadera y real pertenecen aquellas condiciones expuestas al principio; sin embargo, no le son necesarias a este modo posterior de atributo o propiedad, principalmente aquella de la distinción real, sino que es suficiente la distinción de razón, mediante la cual se concibe, por una parte, una cosa como sujeto que tiene una determinada esencia o razón formal, aun cuando sea concebida confusamente; y, por otra, se concibe a modo de perfección o propiedad.

Pueden servir de ejemplos, aparte del que se ha puesto sobre los atributos divinos, los de Aristóteles, en el libro de los Predicamentos, donde atribuye varias propiedades a aquellas cosas que no pueden distinguirse o ser explicadas de otra manera; como, por ejemplo, cuando se enseña que es propiedad de la cantidad ser el fundamento de la igualdad y la desigualdad, propiedad que no es en la realidad nada distinto de la misma cantidad sino solamente una cierta aptitud, la cual no es otra cosa que la cantidad misma; sin embargo, es concebida por nosotros como un concepto distinto para explicar con más distinción el contenido de la propia cantidad.

De la misma manera puede atribuirse a la cantidad, como propiedad suya ser el sujeto próximo de los accidentes corporales, lo cual, sin embargo, no significa en la realidad nada distinto realmente de la misma cantidad.

6. *Distinción entre el atributo real y el privativo.*

Hay que observar, en segundo lugar, que, tratándose de estos atributos tomados formalmente, una cosa es el que ellos mismos sean entes reales o de razón, y otra que se distingan realmente o por razón, muy bien puede ocurrir que sean reales, aunque no se distingan realmente, sino por la razón, como en los ejemplos puestos se descubre fácilmente y la razón de esto es clara, porque la distinción de razón, que tiene su origen en una precisión del entendimiento, no tiene lugar por concepción de alguna entidad fingida, que no existe en la realidad, sino sólo por un modo inadecuado de concebir la verdadera realidad; el atributo, por consiguiente, puede ser real, aun cuando el modo de atribución y de distinción se deba sólo a la razón. Aun más si hablamos con propiedad para que el atributo sea distinto del sujeto real sólo por razón, es necesario que sea un atributo real y no sólo de razón o privativo; de otro modo, hablando formalmente, se distinguiría, más que por razón, como se distingue el no-ente del ente o el ente fingido del ente verdadero.

Por lo cual, es necesario observar en estos atributos que, con frecuencia, es una cosa lo que mediante ellos se significa formalmente y otra lo que mediante ellos intenta ser explicado por nosotros;

así, pues, lo que formalmente se significa es, con frecuencia, negativo, pero mediante ello se explica por nosotros una perfección positiva y real de una cosa; como la simplicidad, que designamos nosotros como atributo de Dios, o de algunos otros entes en su respectivo grado; y, sin embargo, mediante ella nos explicamos un determinado modo o entidad de la cosa simple.

7. Doble significado del ente.

Por último, debe observarse, según Aristóteles (5 *Metaph.* lib. V, tex. 14) y Santo Tomás (*Suma Teológica*, I p., q. 48, art. 2, ad 2, y en I, dist. 19 q. 5, art. 1 ad 1) que ente, propia y rigurosamente, significa la entidad de una cosa, como de él hemos hablado hasta aquí; otras veces, sin embargo, se llama ente a lo que puede afirmarse simplemente de algo; y puesto que la afirmación se hace por medio del verbo ser, lo que simplemente se atribuye a las cosas, aun cuando no suponga en ellas ninguna entidad, suele llamarse ente o ser; pero parece que los predicados y atributos de esta clase se pueden colocarse en dos grupos: uno formado por aquellos que consisten en la negación o en la privación, y así decimos que una cosa es indivisible, que un acto moral es malo, que un hombre es ciego, y cosas semejantes; otro es el de los que consisten en denominaciones extrínsecas tomadas de las cosas mismas, y de esta manera se dice: «Dios creador *ex tempore*", o «pared vista"; etc.; y esta denominación unas veces se toma como actual y requiere la coexistencia de ambos extremos, como en los ejemplos expuestos, y otras veces se toma como aptitudinal, como cuando se dice «pared visible», etc.

8. *El ente no tiene propiedades positivas distintas de él realmente.*

Supuesto esto, digo, en primer lugar, que el ente, en cuanto ente, no puede tener propiedades positivas, absolutamente verdaderas y reales, distintas realmente de él mismo. Esta es la opinión de Santo Tomás, en los lugares citados, el cual acertadamente advierte que la cuestión versa sobre el ente en cuanto ente; así, pues, en cuanto tal ente, bien puede tener propiedades reales realmente distintas de él, ya que un ente determinado, en cuanto tal, puede estar fuera de la esencia de otro ente y, como consecuencia, también fuera de la esencia de su propiedad; pero el ente, en cuando ente, no puede estar fuera de la esencia de algún ente, y, por ello, ninguna propiedad ni pasión puede ser real, sin que en ella se incluya esencialmente el ente y, por tanto, no puede ser realmente distinta del ente; así, pues, como se ha mostrado antes, el ente en cuanto ente no se distingue realmente de ningún ente, en el cual está esencialmente incluido, y éste es el mejor fundamento de la conclusión, que puede ser confirmado y explicado de varios modos.

En primer lugar, porque, bien se considere la razón de ente de modo aislado y separado, bien según está en las cosas, no se encuentra que afluya de ella o de alguna cosa ninguna propiedad realmente distinta con tal que se conciba como ente y no en cuanto es tal ente. Lo cual se manifiesta mediante una inducción, pues los atributos del ente encontrados hasta el momento son solamente aquellos que se llaman trascendentales; pero éstos o no son positivos, o no son reales e intrínsecos, o, si en algún sentido lo son, no son realmente distintos del ente: lo cual se comprobará mejor cuando se trate de cada uno de estos atributos.

Ahora se demostrará brevemente, por qué estos atributos son también comunes a Dios y con toda propiedad se encuentran en Él sin distinción real. Si se dijera que en las criaturas ocurría lo contrario, sería hablar sin fundamento: pues sería necesario designar algún indicio especial de esta distinción o alguna necesidad, y nada de este género puede encontrarse. Y además es la mejor razón, ya que ahora tratamos del ente en cuanto ente, en cuanto hace abstracción de Dios y de las criaturas, por consiguiente, lo que se le atribuye, o se le atribuye en cuanto realmente es distinto, o no: si se afirma esto último, se afirma lo que defendemos; pues si en algún ente esto se distinguiera, sería por alguna razón particular, que después consideraremos; mas si se dice lo primero se sigue que en todo ente, aun en Dios, se distinguen realmente, puesto que todo lo que por sí se atribuye a lo superior debe convenir a todo inferior.

9. El ente, por su trascendencia, hace difícil su distinción.

Y esto puede precisarse con más exactitud, ya que el mismo ente en cuanto ente, abstraído de todo ente concreto, sin otro modo real sobreañadido a él y realmente distinto de él, tiene aquello que positivamente es necesario para ser uno, verdadero, bueno, etc.; por lo cual, dentro del mismo modo de explicar, decimos que es ente porque tiene verdadera esencia y alguna perfección real, etc. Y no obsta el que la mente pueda concebir y considerar la razón de ente, no considerando expresamente otras razones, porque esto, a lo sumo, indica una distinción de razón o algo negativo o extrínseco, incluido o connotado en aquellos atributos, como después diremos.

Por último, las distinciones reales de esta clase se entienden con gran dificultad, y por ello no deben multiplicarse sin suficiente motivo y razón; en este caso no aparece ningún indicio de esta distinción, como se evidenciará fácilmente de lo que ha de ser dicho y de las soluciones a los argumentos. Y, por otra parte, por la trascendencia del ente, se hace en él mucho más difícil esta distinción, como muestran también las razones expuestas al principio, principalmente aquella de que el sujeto pertenezca a la esencia de la propiedad, siendo la propiedad, sin embargo, como un accidente del sujeto.

Hay envuelta una especial contradicción en que el ente en cuanto ente, el cual abstrae de la esencia substancial o accidental, simple o compuesta, actual o potencial, perfecto o imperfecta, perfectiva o perfectible, postule o requiera propiedades distintas que sean como unos determinados accidentes intrínsecos, con los que se perfeccione.

10. El ente tiene atributos verdaderos.
Las propiedades del ente no expresan formalmente entes de razón, y de qué modo ha de ser explicada la locución contraria.

Digo, en segundo lugar, que el ente, en cuanto ente, tiene algunas propiedades o atributos, los cuales no están formados por la razón, sino que verdaderamente y en la realidad misma se predican de él. Todo ello se prueba completamente con los razonamientos expuestos en la primera y en la segunda opinión.Simplemente es verdadero, pues, que cualquier ente es uno, bueno, etc.; y para que esto sea verdadero no es necesario que la mente finja entes de razón; pues aunque la mente no piense nada acerca de las cosas, el oro es oro verdadero y es una cosa determinada distinta de las demás; de modo semejante Dios es uno, bueno, etc.

Además se prueba rectamente por la razón, porque la metafísica, que es una ciencia real y verdadera, demuestra esto del ente y no demuestra nada de los conceptos fingidos. Por lo cual, si en esta cuestión hablamos con exactitud del ente de razón, no se dirá en sentido recto que estos atributos signifiquen formalmente entes de razón, parque los entes de esta clase se dice que sólo tienen ser de modo objetivo en el entendimiento, por lo cual sólo existen cuando son conocidos o fingidos por el entendimiento; pero estos atributos en la realidad no dependen de la ficción del entendimiento, sino que, de modo absoluto, y antes de toda consideración del entendimiento, conciernen al ente mismo, según se ha dicho.

Por consiguiente, las locuciones de esta clase, para que sean verdaderas, deben ser expuestas con algún concepto más amplio, ya que todo aquello que no pone en la cosa a la que se atribuye algo real, positivo e intrínseco. Puede llamarse ente de razón, bien para que se distinga del ente real propio, que tiene una verdadera e intrínseca entidad, bien fundamentalmente, a saber, porque el entendimiento para concebir y predicar con distinción los atributos de este género, toma de ellos el fundamento para formar algunos entes de razón.

11. Qué añaden formalmente las propiedades al ente.

En tercer lugar, digo que estos atributos del ente le añaden formalmente: o una negación, o una denominación tomada por relación a algo extrínseco; por ellas, sin embargo, se explica la perfección real y positiva del ente, no por algo real sobreañadido al propio ente, sino por la misma razón formal o esencial del ente. Me parece a mí que Aristóteles indicaba esta conclusión —en el cap. 2 del lib. IV de la *Metafísica*— cuando decía que el ente y lo uno indicaban la misma naturaleza, y, a pesar de esto, no significaban lo mismo formalmente, puesto que ciertamente lo uno añade de modo formal la negación, la cual no expresa el ente; mediante ella, sin embargo, no se expresa otra cosa que la misma naturaleza del ente, lo cual más abajo se explicará con mayor amplitud.

De modo parecido puede hablarse también de lo verdadero y, de lo bueno y de los demás atributos de esta clase, si los hay; éstos, pues, formalmente y en orden a nuestro modo de concebir, no expresan lo mismo que el ente, ni tampoco expresan una negación, como de ellos mismos se desprende; por consiguiente, significan el ente bajo alguna relación hacia otro, a saber, en cuanto contiene algo por lo que se le ame o se le conozca, o algo semejante, según indicaremos en los lugares correspondientes. Y parece que esta cuestión la expresa claramente Santo Tomás en los lugares que han sido citados.

La razón de esta conclusión es que estos atributos no son sinónimos del mismo ente, pues en otro caso de ningún modo podrían llamarse propiedades o atributos y sería una necedad decir que el ente es uno o bueno; por tanto, es necesario que signifiquen formalmente alguna cosa además de ente; pero no pueden significar de modo formal una entidad sobreañadida al ente y realmente distinta de él, como se ha demostrado; tampoco pueden significar entes de razón, tomados en rigor, como se ha dicho; ninguna otra cosa pueden expresar, por consiguiente, sino la negación, o la privación o alguna relación o denominación extrínseca.

Por otra parte, toda esta razón de los atributos se dirige a que se conozca y explique por nosotros de manera más perfecta la naturaleza del ente; de otro modo sería inútil e impertinente para la ciencia de éste; mas no ocurre así, sino, antes bien, se acomoda a ella; pues nosotros no conocemos perfectamente las cosas simples según son en sí y, en parte por medio de negaciones, en parte por medio de comparaciones, utilizamos otras cosas para explicamos aquéllas distintamente.

Así, pues, aunque estos atributos añadan formalmente negaciones u otras relaciones, por ellas, sin embargo, se explica la naturaleza del ente, bien en cuanto a su perfección, bien en cuanto a su integridad, o algo semejante. He dicho que estos atributos añaden sólo al ente una negación o algo parecido, ya que se discute si formalmente o en abstracto estos atributos expresan sólo negación o relación, o incluyen la misma entidad, lo cual será explicado mejor en cada una de las propiedades.

SE RESUELVEN LOS ARGUMENTOS

12. Respuesta a la primera dificultad.

Por consiguiente, es fácil la solución, según lo ya dicho, a la razón de duda expuesta al principio, junto con las añadidas en la primera y segunda opiniones. Se ha concedido, pues, que estos atributos no pueden ser propiedades reales con el rigor que hace necesario que todas las condiciones allí enumeradas les convengan.

También se ha manifestado en qué sentido pueden llamarse reales estos atributos a saber, en cuanto que dicen algo de formal que, a su modo, en las cosas, y verdadera y simplemente puede atribuirse al ente a modo de privación o denominación real o aptitud real con relación a algo extrínseco.

Y esto es suficiente para que estos atributos, según todo lo que incluyen, no sean propiamente esenciales, y por eso se dice que son a modo de pasiones o propiedades. Basta también para que puedan estos atributos caer bajo la ciencia, puesto que existen en las cosas y del mismo modo con que existen siguen al ente mismo y ayudan a explicar su naturaleza.

Por ello, es suficiente para la noción de ciencia y para hacer demostraciones la distinción de razón entre los atributos, porque nosotros, según concebimos así razonamos, y, de este modo, verdaderamente demostramos de Dios que es

inmortal, porque es inmaterial, y lo mismo podría hacerse también con los atributos del ente,
aunque sólo se distinguieran del ente por medio
de la razón.

Finalmente, por todo lo dicho, consta de qué
manera el ente no se dice esencialmente de estas propiedades o atributos suyos, pues según la
realidad se dice esencialmente de ellos, ya que
ellos no explican otra cosa que la misma naturaleza del ente. Sin embargo, no pertenece a su
esencia lo que añaden al ente, porque, por ejemplo, la negación que formalmente añade lo uno,
no es esencialmente ente verdadero y real, como
lo es aquello que se dice ser casi sujeto de estas
propiedades; y así se evita un proceso al infinito
y otras cosas incongruentes que se tratan en los
argumentos.

13. *De qué modo difieren entre sí los atributos del ente.*

Por último, de todo lo dicho se colige de qué
modo pueden distinguirse entre sí estas propiedades o atributos, en efecto, en cuanto a la realidad intrínseca que significan en el ente, no se
distinguen realmente, ya que nada dicen realmente

distinto del, ente, como se ha manifestado, por ello, suele decirse que, en realidad, la entidad de la cosa es su bondad y verdad, y al contrario. Mas si consideramos aquello formal que añaden, puede decirse que difieren formalmente, no ciertamente por una razón formal intrínseca y positiva, sino negativa o extrínseca, como suficientemente se deduce de lo dicho y con mayor amplitud se hará manifiesto por lo que ha de decirse en particular de cada uno de ellos.

CUÁNTAS SON
LAS PROPIEDADES DEL ENTE
Y QUÉ ORDEN MANTIENEN ENTRE SÍ

1. Razones que hacen la cuestión ambigua.

Suelen enumerarse, por lo común, seis trascendentales: ente, cosa, algo, uno, verdadero, bueno, de cinco de los cuales parece colegirse que son propiedades del ente, porque tantos son los predicados que se convierten con él y no más. Mas en contra de esto está el que no todos estos predicados pueden tener razón de propiedad, y el que pueden ser excogitados por nosotros otros además de aquellos.

Lo primero puede probarse por lo dicho, porque cosa sólo expresa formalmente la quididad de la cosa y una determinada o real esencia: mas esto no es una propiedad, sino, más bien, la esencia del ente; por lo cual, muchos juzgan que cosa es un predicado del ente más esencial que el propio ente.

De modo semejante, algo, distinguiéndose inmediatamente frente a nada, no parece significar formalísimamente otra cosa que el mismo ente: pues dicho de este modo parece que algo es lo que tiene alguna quididad; y esta significación formal coincide con la significación de cosa y ente.

2. Otros predicados comunes a todo ente.

Lo segundo se prueba porque parece haber, aparte de estos predicados, otros comunes a todo ente, como, por ejemplo, durar y estar en alguna parte; pues éstos están unidos necesariamente a todos los entes. Porque si se dice que estos predicados no le convienen más que al ente en cuanto existente, y aquí se trata sobre el ente en sí, haciendo abstracción de la existencia actual, está contra esto el que también estas propiedades de la duración o de la presencia local pueden considerarse en sí, haciendo abstracción de la existencia actual y que así se entienden como teniendo conexión por sí con el propio ente; por lo cual, lo mismo que esta predicación: *el ente es uno,* es una verdad perfecta, por excluirse la temporalidad de la cópula, también lo serán éstas: *el ente tiene duración o presencia local.* Mas hay una especial dificultad sobre el propio ser de la existencia actual, pues parece ser cierta propiedad del mismo ente tomado en sí, porque no le conviene ni esencialmente ni mucho menos por accidente.

Por otra parte, además de estas propiedades simples, parece haber otras complejas o disyuntivas; pues, al igual que como propiedad del número puede decirse que sea par o impar, y de la cantidad que sea finita o infinita, del mismo modo puede decirse que una propiedad del ente es que sea finito o infinito, en acto o en potencia, o cosas semejantes.

Por último, si a las propiedades del ente, como se ha dicho, les basta ser negaciones o relaciones de razón, éstas pueden multiplicarse infinitamente, como ser lo mismo, no ser impasible, ser amable, ser inteligible, etc.

SOLUCIÓN DE LA CUESTIÓN

3. *Las propiedades del ente son sólo tres.*

Esta cuestión se propone solamente para que dirijamos este tratado sobre las propiedades del ente hacia un punto seguro y, por ello, brevemente ha de decirse, si hablamos con propiedad y no fingimos distinciones mínimamente necesarias, que sólo hay tres propiedades propias del ente, a saber: uno, verdadero y bueno.

Fácilmente, pues, se persuadirá cualquiera de que estas tres propiedades son distintas entre sí, al menos por razón formal, bien sea ésta negativa o positiva, real o de razón. En primer lugar, por la sentencia común de todos los que han escrito sobre esta materia. En segundo, por el modo común de concebir, y por la significación e interpretación de las mismas voces; pues uno, en, cuanto tal, solamente significa que la cosa es en sí íntegra e indivisa; por lo cual añade una negación formal, en lo que se distingue de lo verdadero y de lo bueno.

Estos, por su parte, se distinguen entre sí, porque lo verdadero dice adecuación o relación al entendimiento, y el bien a la voluntad o apetito, en cuanto conveniente a él, ya se exprese esto formal o fundamentalmente; y éstas son razones o relaciones muy diversas. Lo cual también puede fácilmente explicarse mediante sus contrarios: así, pues, la unidad se opone a la multitud, la bondad a la malicia, la verdad a la falsedad; y éstas son muy distintas.

Por último: por lo que diremos en particular de estas propiedades, constará con mayor evidencia, y demostraremos a la vez, que cualquiera de estos atributos conviene a todo ente real y se convierte con el ente; tiene por tanto, el ente, estas tres propiedades.

4. *Cosa y ente no se relacionan como esencia y propiedad.*

El que además de estas propiedades no haya otras, puede colegirse de la doctrina de Santo Tomás; pues, aunque con frecuencia enumere estos seis trascendentales y declare su razón y su suficiencia, como en *De Veritate* (q. 1, art. 11, y en la q. 21, art. 1), así como frecuentemente en otras partes, sin embargo, cuando trata de estas propiedades en particular nunca trata más que de estas tres, como se manifiesta en la *Suma Teológica* (par. 1, q. 5, 11 y 16), y en las ya mencionadas *Questiones disputatae*. Puede confirmarse esto teniendo en cuenta lo anteriormente dicho; pues cosa y ente se toman en el uso común como sinónimos; y algunas veces se dicen del ente existente en acto, y a veces, sin embargo, prescinden de la existencia actual, por lo cual ninguna de las dos es propiedad de la otra.

También es un signo de esto que nunca se predica una de la otra, y si se predican de este modo se juzgaría que era una necedad o una predicación idéntica.

Las otras, empero, se predican del ente y se le unen como el adjetivo al sustantivo; de esta manera se dice ente uno, ente verdadero, etc.; pero ente y cosa son sustantivos y no pueden unirse del modo indicado; por tanto, este es signo de que el uno no es propiedad del otro. Porque si queremos distinguir estas dos cosas con el rigor con que Santo Tomás las distinguió, es decir, que la cosa prescinda de la existencia actual y signifique la simple quididad, mientras que el ente esté tomado del existir y sólo exprese el ente que existe actualmente, se establece que cosa no significa una propiedad del ente, sino que es su predicado máximamente quiditativo. Y el ente significará más bien algo extrínseco a la esencia, al menos en las criaturas. Tampoco podría llamarse al ente propiedad de la cosa; pues la existencia no es una propiedad de la criatura existente; bien porque no se deriva de principios intrínsecos de ésta, sino que le proviene extrínsecamente, bien porque no le conviene de modo necesario y por sí.

Por todo lo cual la existencia actual de la criatura no cae propiamente bajo la ciencia, en cuanto depende en acto de la libre voluntad del creador; mas qué sea está existencia y de qué modo se distinga la esencia de la criatura es una cosa obscura, sobre la que discutiremos en especial más adelante, cuando tratemos del ente creado.

Pero si, conforme a cierta opinión expuesta más arriba, el ente, no sólo en cuanto que expresa un existente en acto, sino también en cuanto que expresa lo que es apto para existir, se distinguiera de la cosa, en cuanto que expresa absolutamente aquello que tiene una quididad real, el ente sería así la primera propiedad de la cosa; pero esto ha sido desechado antes, porque en la primera razón de la quididad real entre la aptitud para existir, y por esto se distingue en primer lugar la quididad real de la no real o fingida.

Por tanto, en estas dos no se contiene ninguna propiedad del ente. Sé que Averroes, en su *Paráfrasis* (cap. De Re), dice que la cosa significa no sólo la cosa verdadera, sino también la fingida; pero esto es común al ente, y sólo tiene lugar según una significación equívoca. De ella y de otras significaciones equívocas de estas palabras hablaré en lo que sigue.

5. *Algo, según varias etimologías de esta palabra, es sinónimo de ente o de uno.*

Por otra parte, algo puede tener una doble etimología o interpretación. Una es que algo es lo mismo que aquello que tiene alguna quididad, y bien fuera ésta la primera derivación de la palabra, o no, sin embargo, parece haberse tomado en este sentido en el uso común; pues algo y nada parecen oponerse contradictoria o privativamente; y como *nada* significa lo mismo que no ente, o sea aquello que no tiene ninguna entidad, algo, por tanto, es lo que tiene alguna entidad o quididad.

Así, en esta significación consta que algo no es una propiedad sino un sinónimo de ente, y de este modo se predica substantivamente como el ente; y se juzga que también es lo mismo según la razón y concepto formal, decir de alguna cosa que es algo y decir que es ente; de este modo opina sobre este atributo Fónseca (*Metaph.*, lb. IV, c. 2, q. 5, sec. 2).

6. *Otra etimología de este atributo.*

La otra etimología de este atributo es la que considera Santo Tomás, en los lugares citados, o sea, *algo* expresa casi otra esencia, lo cual parece más conforme con la primera imposición de esta palabra, según la cual esta voz significa formalmente algo distinto del ente, como por los autores latinos consta, a saber, distinción de otro o negación de identidad con otro.

Sin embargo, en este sentido, este atributo, o no es diverso del uno, o se incluye en él como su consecuente. Uno expresa, pues, lo que es indiviso en sí y dividido de cualquier otra cosa, como veremos más adelante; por consiguiente, en el concepto de uno se incluye la negación que comporta la palabra *algo* o se refiere a ella, y así este atributo no aumenta el número de estas propiedades de forma que se haga necesario tratar especialmente de él; pero una vez explicado el concepto de uno y consiguientemente el de multitud, que se opone a él y el de identidad y distinción que se fundamentan de algún modo en su concepto, quedará explicado el predicado *algo*.

Pues aunque la negación encerrada en él puede distinguirse por la razón de la negación incluida en *uno*, porque una expresa negación de multiplicidad, y algo sólo expresa negación de identidad con otro, modo por el que son distinguidos uno y algo por Santo Tomás (*De Veritate*, q. l, art. 1), sin embargo, ya que una negación posterior se fundamenta en una primera, y como no surge dificultad especial si se la incluye en la doctrina de estas propiedades, no es necesario distinguirlas.

Algunos dicen, empero, como Javelo, en su *Tratado sobre los trascendentales* (cap. III), que *algo* expresa la división actual de otro ente, de tal manera que antes de la creación del mundo Dios sería uno pero no algo. Mas esto está dicho con suma impropiedad: ¿quién dirá que el ente no es algo porque no existan otras cosas?

Más aún, en este sentido *algo* no puede ser propiedad del ente, en cuanto que no conviene a todo ente; por consiguiente, en cuanto es propiedad sólo expresa una negación aptitudinal y con respecto a otro ente existente o posible, y de este modo se fundamenta, como dije, en la unidad, y con ella y a la vez se explica.

7. De los seis trascendentales, tres pueden ser propiedades del ente.

Por consiguiente, de los seis trascendentales quedan sólo los tres enumerados más arriba, que puedan ser propiedades del ente, cuya suficiencia trata Santo Tomás en el lugar citado de *De Veritate* —y en la q. 21, art. 1—, porque las propiedades del ente deben añadir algo al ente y no pueden añadir algo positivo y real, por tanto, será algo negativo, o positivo de razón, o por denominación o conveniencia a algo extrínseco.

Del modo primero se constituye la propiedad de uno, porque esta negación de indivisión en sí y de división de cualquier otro, sigue a todo ente considerado en sí y absolutamente, y ninguna otra hay que de modo necesario convenga a todo ente en cuanto tal. Del modo siguiente se constituyen las otras dos propiedades, una por relación o conveniencia al entendimiento, otra por relación y conveniencia al apetito y a la voluntad; pues estas dos facultades y no otras son universales y consideran a todos los entes desde diversos puntos de vista.

8. Qué orden conservan entre sí las propiedades.

Deducen de esto los autores que de estas tres propiedades la unidad es la primera, porque es absoluta; le conviene, pues a todo ente por sí y no por una denominación debida a algo extrínseco, ni propiamente por relación hacia otro, como de algún modo significan lo verdadero y lo bueno, en cuanto expresan conveniencia con otro, son, empero, absolutamente primeras con relación a las respectivas de su género.

Se dice también que lo uno, en cuanto expresa división de otro, supone relación a otro. Se responde a esto, en primer lugar, que la negación no es propia del concepto de uno porque sea algo que se distingue de otro, sino que sigue al uno porque es apto para que se distinga. Dios será, pues, uno aunque no haya nada de lo cual se divida.

En segundo lugar, esta negación no es una relación, sino, más bien, una negación de relación, pues más propiamente es la identidad una relación y la unidad es negación de identidad, y es su fundamento, y, por consecuencia, no puede ser fundamento de ninguna relación de razón. Finalmente, aunque nos figuremos la unidad como una relación hacia otro, es de por sí anterior a otras relaciones, de verdadero o de bueno, porque de alguna manera es más abstracta, ya que sólo considera a otro bajo razón de ente; así, pues, se dice uno a lo que está dividido de cualquier otra cosa, sea cual fuere su concepto.

Y así Aristóteles (*Metaph.*, lib. IV, cap. 1) conjuga lo uno con el ente como su primera propiedad; y Santo Tomás (*Suma Teológica*, par. I, q. 11, art. 2 ad 4) dice que después de ente es lo uno lo que primero se conoce de cualquier ente, cosas que tratan con mayor amplitud Soncinas (*Metaph*, 4, q. 24) y Javelo (*Trascendentales*, c. 1).

9. *Comparación entre las propiedades del ente por su perfección.*

De los otros dos trascendentales o propiedades del ente, lo verdadero es primero que lo bueno, según enseña Santo Tomás en la *Suma Teológica* (par. I, q. 16, art. 4). Y lo demuestra porque la bondad se fundamenta de alguna manera en la verdad; pues para que la salud sea buena, se supone que ha de ser verdadera salud, porque si es fingida no será buena, y lo mismo ocurre con las de más cosas. De donde lo verdadero dice orden al entendimiento, y lo bueno a la voluntad; y el entendimiento es una potencia anterior a la voluntad.

Porque si alguien quiere comparar estas propiedades en perfección y pregunta cuál es la más perfecta de ellas puede respondérsele con facilidad que formalmente, y teniendo en cuenta lo que añaden al ente, ninguna de ellas expresa perfección, porque no expresan o añaden nada real al ente mismo; por lo cual no hay razón para compararlas en este aspecto, ya que la comparación supone algo positivo.

Y en cuanto que significan de alguna manera al ente mismo y declaran su naturaleza, expresan exactamente la misma perfección, y, por ello, tampoco en este aspecto pueden ser comparadas, puesto que la comparación requiere una distinción.

SE RESPONDE A LOS ARGUMENTOS

10. Por qué se enumeran seis trascendentales.

Al motivo de duda expuesto al principio se responde que no se enumeran seis trascendentales parque todos ellos signifiquen distintas propiedades del ente, sino que algunas se distinguen por esta razón; pero otras, sin embargo, sólo por su diversa etimología o imposición de la palabra. De esta manera se distinguen la cosa y el ente, ya que son tomados éste del existir y aquélla de la quididad real.

De modo semejante algo y uno se distinguen por su primera imposición, en cuanto que uno se dice por negación de división en sí, y algo por negación de identidad con otro; en la realidad significan, sin embargo, la misma propiedad, porque ambas se requieren para una perfecta unidad.

11. *Las propiedades disyuntivas se reducen a las simples; lo diverso, a la unidad.*

En cuanto al otro extremo, por el cual se prueba que estas propiedades son más, se responde, en primer lugar, que la duración no es tal vez una realidad distinta de la existencia actual, y así el concepto de una y otra será el mismo. Porque si quizá es realmente distinta en las criaturas, no se enumera con justicia entre las propiedades del ente, ya que es un ente especial, como más adelante y en su lugar veremos.

Hay que afirmar lo mismo con respecto a la presencia local, pues como es un modo de algunos entes, constituye un predicado especial, como diremos también más adelante. Y de aquellas propiedades disyuntivas, finito o infinito, etc., hay que decir que, o bien no son ciertamente propiedades del ente en común, sino más bien divisiones suyas, parque esencialmente se contraen en el ente mismo en cuanto que es ente, o porque ni uno ni otro miembro divisor le conviene, sino en cuanto contraído o determinado a algún especial concepto de ente, como veremos después al tratar de lo finito e infinito; o bien significan distintos estados del mismo ente en cuanto está en acto o en potencia, como igualmente hemos de decir más adelante, donde explicaremos también cómo la existencia de la criatura no es una propiedad de ésta. O bien estas propiedades disyuntivas se reducen a las simples, como lo mismo o lo diverso a la unidad.

12. Por qué algunas relaciones de razón comunes a todos los entes no son propiedades del ente.

Al último argumento se responde que pueden, ser excogitadas por nosotros muchas negaciones o relaciones de razón, las cuales no son explicadas formalmente por aquellas propiedades que hemos enumerado; y así dicen algunos que *cosa* es una propiedad que añade formalmente al ente una negación de ente fingido o quimérico. Otros añaden lo *idéntico* y lo *diverso*, pues cualquier ente tiene una relación de razón de identidad consigo mismo y una relación de diversidad respecto a otro, incluso respecto del no-ente o del ente de razón.

La relación de similitud hacia otro puede fingirse también incluso fundamentalmente, de forma que lo mismo que lo igual supone la propiedad de la cantidad, lo asimilable sea una propiedad del ente; pues no hay ningún ente que no pueda tener algo que de algún modo sea semejante a él, siquiera analógicamente; y pueden multiplicarse otras infinitas denominaciones de esta clase, como se ha tratado en el argumento.

Debe decirse, a pesar de todo, que las propiedades están acabadamente enumeradas, bien porque sólo ellas conducen a explicar la naturaleza del ente, y tienen, tanto en las cosas como en el uso de los hombres, causa y utilidad suficiente, por las cuales han sido excogitadas y distinguidas, bien porque, si pueden discurrirse algunas otras, están contenidas virtualmente en ellas, o se refieren a ellas.

13. *Cosa no expresa formalmente negación del ente fingido.*

El que cosa expresa formalmente una negación del ente fingido, es, por cierto, una ficción y está más allá de toda la significación latina de la palabra y la común concepción de los hombres; cosa no es término negativo o privativo, sino positivo en absoluto. Tampoco es pertinente esta negación, bien porque es más oscura para explicar qué es el ente fingido que para explicar qué es la cosa, bien porque si esta negación es necesaria para explicar las propiedades del ente, es mejor fundarla en lo *verdadero;* se dice, pues, que es verdadero ente el que no es fingido. También, si se toma formalmente, se incluye en *uno* o en *algo,* puesto que se incluye en la negación que expresa algo, en cuanto que está dividido de cualquier otro, y también, por consecuencia, del ente fingido.

Y por esto es por lo que el concepto de ente fingido, en cuanto tal, consiste de modo máximo en la negación; es, pues, propiamente un ente fingido aquel que la mente puede aprehender de modo tal que en sí envuelva repugnancia e imposibilidad, las cuales son una negación y, por ello, el ente real no se divide de éste mediante una negación, sino, formalmente, por su realidad, como diremos con mayor amplitud y en este sentido en la siguiente disputa.

También por la misma razón se excluyen las negaciones semejantes que pueden ser hechas por la sola reflexión del entendimiento como el no ser diverso de sí, el ser diverso del ente de razón, el no ser desigual y otras parecidas, que son inútiles, pueden multiplicarse infinitamente y son puras obras de la razón, las cuales no bastan para las propiedades del ente, según hemos dicho.

14. Quedan excluidas, de entre las propiedades del ente, la identidad y la diversidad.

De ahí se sigue también que no conviene contar entre las propiedades del ente la identidad y la diversidad, porque en cuanto éstas pueden expresar formalmente relaciones de razón, no pertenecen a las propiedades del ente, como antes se ha dicho de modo general, porque tales relaciones no le convienen por sí al ente, sino, sólo de modo intrínseco, por el pensamiento, reflexión o comparación de la mente, mas si se tienen en cuenta, en cuanto que tengan en la realidad algún fundamento positivo o privativo, están contenidas suficientemente bajo la unidad, como luego diremos.

Del mismo modo se reduce la semejanza, si es común a todo ente, a la unidad, pues, si se toma por una verdadera relación, sin duda no es propiedad porque no conviene siempre a todo ente, y al que le conviene no le conviene por sí, sino por accidente.

Y si acaso se dijera que siempre conviene a la criatura existente, sería también respecto a ésta un accidente, como relación de la criatura. Y si se toma fundamentalmente, ha de reducirse a la unidad, así, pues, dice Aristóteles que la semejanza se funda en la unidad.

Por último, según este modo, se reducen a la verdad las denominaciones inteligible y significativa; al bien se reduce el concepto de íntegro y el de perfecto y las denominaciones de amable y apetecible, no es necesario, por tanto, formar más propiedades.

POR QUÉ PRINCIPIOS PUEDEN DEMOSTRARSE
LAS PROPIEDADES DEL ENTE
Y SI ENTRE ELLOS EL PRIMERO ES ESTE:
"ES IMPOSIBLE QUE LO MISMO
SEA Y NO SEA AL MISMO TIEMPO"

1. *Motivos de duda por ambas partes.*

Esta cuestión se propone principalmente por Aristóteles; el cual enseña (*Metaph.,* lib. IV, c. 3, text. 8) que el principio; *es imposible que lo mismo sea y no sea al mismo tiempo,* es el primero, y casi el único, en el cual deben resolverse todas las demostraciones de esta ciencia y aun las de las demás ciencias, siquiera sea virtualmente.

Sin embargo, parece que hay algo en contra, en primer lugar, porque los principios propios e intrínsecos de una ciencia deben tomarse de la causa o razón por la que el predicado conviene al sujeto; por lo cual, el propio Aristóteles —en el libro I de los *Analíticos posteriores*— enseña que la propiedad posterior debe ser demostrada por la anterior, pero la primera de todas, o no se demuestra, sino que le conviene al sujeto de modo inmediato, o sólo se demuestra, en cuanto a nosotros respecta, mediante la definición del sujeto; mas la definición misma no es demostrada de ningún modo, sino que es conocida inmediatamente como perteneciente al sujeto.

Así, pues, en toda ciencia, será el primer principio aquel en el que se predique del sujeto su primera propiedad, o la definición de lo definido. Por tanto, en la presente ciencia los principios propios e intrínsecos deberán ser tomados de la conexión de la primera propiedad con el concepto de ente, o del concepto de ente con el mismo ente; será éste, por tanto, el primer principio, *todo lo que es uno, porque es uno,* es la primera propiedad del ente, según hemos dicho; o también, este otro: *es ente todo lo que tiene esencia.*

En ningún caso, por tanto, éste: *es imposible que lo mismo sea y no sea al mismo tiempo,* porque es muy extrínseco y no puede servir para las adecuadas demostraciones *a priori,* sino a lo más para la reducción a lo imposible. Añádase que este principio se reduce *a priori* a éste: *todo ente es uno,* puesto que no puede a la vez ser y no ser, ya que sólo puede uno de modo determinado.

Según esto, mucho afirman que al ente en cuanto ente le conviene en primer lugar estar dividido del no-ente, propiedad que a su juicio está incluida en la unidad, acerca de lo cual hablaremos después. En último término, la dificultad aumenta porque aun entre los principios en cierto modo extrínsecos y más universales no parece que éste sea el primero, ya que es negativo, y toda negación se fundamenta en una afirmación anterior; por tanto, hay otro principio anterior a éste y en el que tiene su fundamento, el cual será, o bien: *es necesario que lo mismo sea o no sea,* o bien: *lo uno destruye de modo necesario a su contradictorio.*

ALGUNAS PROPOSICIONES
MAS DETERMINADAS PARA ACLARAR
EL SENTIDO DE LA CUESTIÓN

2. La metafísica requiere principios en los que se resuelvan últimamente sus conclusiones.

Acerca de esto convienen todos en que tanto en la metafísica como en las demás ciencias, son necesarios ciertos principios primeros, evidentes por sí mismos, mediante los cuales se demuestran las propiedades, bien se trate de las propiedades trascendentales del ente en cuanto ente, bien de las propiedades más especiales de algunos entes, en cuanto están comprendidos en el objeto formal de la metafísica, de acuerdo con lo expresado en la disputación proemial; pero como el ente en cuanto ente, en orden a esta ciencia, es primero que los demás entes, las propiedades adecuadas de él son también primeras y, por consecuencia, también los principios más universales, que dependen de algún modo de las mismas propiedades trascendentales, son primero que los demás, y por esto tratamos ahora de ellos de modo principal. El que tales principios sean necesarios se debe, tanto en esta ciencia como en las demás, a la misma razón, ya que proceden también mediante demostración, resolviendo las conclusiones en los principios; resolución en la que no se puede proceder en infinito, como consta de la doctrina general de las causas; en ningún género de causa, pues, es dable proceder en infinito; es necesario, por tanto, que descanse en principios o proposiciones evidentes por sí mismas.

3. A este fin no es suficiente un único principio.

En segundo lugar, parece concluirse de esta noción que estos principios deben ser no sólo uno, sino varios, al menos dos, y, además, que sean proposiciones inmediatas e indemostrables *a priori*.

La razón es que, de un solo principio no puede concluirse nada, como se sabe por la dialéctica, porque la ilación formal requiere tres términos, los cuales no pueden estar en un solo principio; por tanto, la última resolución debe hacerse en dos principios inmediatos. Porque si el uno es inmediato y el otro demostrable, el que es demostrable debe resolverse y demostrarse ulteriormente, y no puede demostrarse por un solo principio inmediato; hay que añadir, por consiguiente, otro principio, y si éste fuera también demostrable, habría que buscar otro mediante el cual se demuestre; y para que no haya que proceder en infinito hay que detenerse en alguno que sea indemostrable; en esta ciencia son también necesarios, por tanto, varios principios primeros.

Y de ahí se sigue que, si hablamos de un primer principio en este sentido, o sea, en cuanto que sólo expresa una proposición inmediata o evidente por sí misma, no es porque haya que buscar en esta ciencia un solo principio primero, ni puede invocarse a Aristóteles en el lugar mencionado, porque en realidad no hay ninguno que de esta manera sea único, sino sólo primero.

Así, pues, puede inquirirse, en otro sentido, cuál es el principio anterior a los demás, bien porque sea más evidente para nosotros, bien porque en la práctica o en la causalidad sea primero y más universal, bien porque sea indemostrable absolutamente, y, desde este punto de vista, hay controversia entre los autores sobre cuál sea el primer principio metafísico.

VARIAS OPINIONES

4. *La primera dice que todo ente es ente.*

La primera opinión dice que el primer principio no es aquél de Aristóteles que hemos mencionado, sino éste, *todo ente es ente.* Así lo sostiene Antonio Andreas (*Metaph.*, lib. IV, q. 5).

Y responde a Aristóteles, que ha tomado este primer principio entre aquellos que se conocen como generales, como son éstos: *el todo es mayor que su parte, etc.* Pero este autor no habla rectamente en sus principios, porque aquella proposición es idéntica y carente de valor; por ello, en ninguna ciencia se toma como principio de demostración, y está fuera de todo arte.

En caso contrario, el primer principio de toda ciencia sería aquel en el cual el sujeto de la ciencia se predicara de sí mismo. Y sería el primer principio evidente por sí mismo, tanto de una ciencia como de otra, puesto que toda proposición idéntica es igualmente evidente, tanto *el ente móvil es el ente móvil,* como *el ente es el ente.*

Y en esta ciencia habría varios principios igualmente evidentes, aunque no igualmente universales, como *la substancia es la substancia, el accidente es el accidente.* Más acertadamente se hablaría si en lugar del ente se tomara alguna definición o descripción que explicara el concepto de ente y que del ente se predicara; pues, aunque la definición y lo definido son en la realidad lo mismo, sin embargo, la proposición, en la que se predica la definición de lo definido, no es idéntica, sino doctrinal, porque en ella se predica un concepto distinto de uno confuso. Y de este modo el motivo de duda expuesto al principio favorece esta opinión. Sin embargo, parece que esto contradice a Aristóteles (*Metaph.*, lib. IV, c. 3); donde concluye absolutamente que el principio es imposible etc., es simplemente el primero de todos, y en el que se resuelven todas las demostraciones.

5. *Un principio que se discute.*

Otros dicen que el primer principio de todos no es el expuesto por Aristóteles, sino éste: *es necesario que toda cosa sea o no sea,* debido a la razón ya expuesta de que éste es afirmativo y aquel negativo. No es verdadero tampoco lo que Javelo (*Metaph.*, lib. 4, q. 6) juzgó: que estos dos principios significaban la misma cosa con distintas palabras y así no hay que considerar dos, sino uno solo.

Mas, si se considera la cosa con atención, son diversas las realidades significadas por los dos principios. Pues, lo mismo que en los opuestos, contrarios o privativos, una cosa es el que no puedan con venir a la vez a lo mismo, y otra el que una de ellas deba convenirle necesariamente; como se manifiesta por sí mismo; así también en los opuestos contradictoriamente estas dos cosas son formal y rigurosamente distintas. Ambas se expresan por medio de los dos principios, pues, por el de es *imposible que lo mismo sea y no sea a la vez* se expresa la repugnancia de los opuestos de modo contradictorio, y por el de *toda cosa es o no es*, se expresa la carencia de mediación entre ellos, o sea, que entre ambos no puede darse un medio. Y de este modo, son expuestos como distintos por Aristóteles (*Metaph.*, lib. IV, c. 7, tex. 27 y 28, y líb. III, c. 2; *Analíticos posteriores*, c. 8, tex. 26 y 17), quien en términos dialécticos expone los mismos principios: es imposible afirmar y negar a la vez lo mismo de lo mismo, es necesario afirmar o negar lo mismo de lo mismo; lo cual con otras palabras suele ser expresado así por los dialécticos: «Es imposible que dos contradictorias sean verdaderas a la vez, y es imposible que sean falsas a la vez»; es evidente que ambas son muy diversas, y la primera se fundamenta en el principio, *es imposible que lo mismo sea y no sea al mismo tiempo,* la segunda en el otro, *es necesario ser o no ser.*

De estos conceptos se desprende juntamente, comparando los principios entre sí, que es primero el referente a lo imposible, expuesto por Aristóteles, que el que trata de lo necesario.

En primer lugar, porque es más evidente por sí que haya repugnancia entre las contradictorias que el que exista un término medio entre ellas, pues lo primero resplandece inmediatamente en los mismos términos, lo segundo necesita de algún discurso y aclaración. Por lo cual lo primero es común a todos los opuestos, ya que en cuanto opuestos pugnan entre sí; mas lo segundo no conviene a todas las cosas, según se desprende del cap. de los Opuestos.

En segundo lugar, porque es primero, según la razón que dos contradictorias no puedan ser al mismo tiempo verdaderas, que no puedan ser al mismo tiempo falsas, en cuanto que la verdad por sí es anterior a la falsedad.

SOLUCIÓN DE LA CUESTIÓN

6. *Dos géneros de demostración y sus propiedades.*

Así, pues, para responder a la cuestión, es necesario que distingamos un doble género de demostración: al uno se le llama ostensivo; al otro, deducente al imposible. El primero es el que, por sí y directamente, es requerido para la ciencia, y en él se procede de las causas a los efectos, y de la esencia de las cosas a las propiedades que han de ser demostradas.

Hablamos, pues, de la ciencia *a priori* y *propter quid,* pues la que es *a posteriori,* no se resuelve en los principios de los que ahora tratamos, sino, antes bien, en la experiencia. El segundo género de demostración no es necesario por sí, sino que más bien es usado por deficiencia, ignorancia o protervia humanas. Y es útil no sólo para las conclusiones, sino también para hacer ver y probar los primeros principios; lo cual no puede hacerse por el primer modo, porque siendo como son inmediatos no tienen un medio *a priori,* mediante el cual puedan probarse; sin embargo, deduciendo al imposible puede manifestarse su verdad y convencer al entendimiento para que les preste su asentimiento.

Más aún, en cualquier género de demostración, aunque los principios demuestren *a priori* la conclusión y sean evidentes por sí, la fuerza de la ilación se fundamenta virtualmente en la deducción al imposible, o sea, porque no puede hacerse que lo mismo sea y no sea a la vez, o que dos contradictorias sean verdaderas al mismo tiempo. Por todo lo cual dijo Averroes (*Metaph.*, lib. II, c. 1) que sin este principio, expuesto por Aristóteles, nadie podría filosofar, disputar o razonar.

7. *Cuál es el modo de demostrar «a priori» en esta ciencia.*

Por tanto, hay que decir en principio, que, para demostrar a priori las propiedades del ente, los primeros principios deben tomarse del concepto del mismo ente, o de su primera propiedad para demostrar las posteriores; y esto lo prueba el razonamiento hecho al principio. También se demuestra, puesto que en lo referente a esto hay los mismos motivos en esta ciencia que en las demás; pues siendo las propiedades del ente pasiones de éste a su modo, necesariamente se derivan de su naturaleza intrínseca y de su esencia, ya que esto es propio de la naturaleza intrínseca de una propiedad; podrían demostrarse, por tanto, por la misma naturaleza esencial del ente, bien sea esto mediante distinción de las propias cosas entre sí, bien en orden a nuestros conceptos y discursos, de tal modo que lo uno sea razón de lo otro, lo cual es suficiente para la ciencia y demostración humanas.

Por lo cual, si las propiedades del ente están conectadas entre sí, de forma que una se origine de otra, aquella que sea la primera constituirá un principio para la demostración de las otras; mas si varias propiedades se conectaran inmediatamente con la naturaleza del ente, lo cual puede ocurrir a veces, sólo podrían ser demostradas del ente mediante la propia naturaleza de éste; y de qué modo se hace esto se hará evidente luego con el discurso de la ciencia. Por consiguiente, en este orden, el primer principio será aquel en el cual el concepto o esencia del ente concebido distintamente se predique del mismo ente.

8. Cuál es el primer principio de deducción a lo imposible.

En segundo lugar, hay que decir que el primer principio, en el otro modo, o género de demostración a lo imposible, es; *es imposible que lo mismo sea y no sea,* en el cual se manifiesta enteramente este modo.

Es evidente por sí mismo, ya que toda deducción a lo imposible consiste el último término en que se concluya que lo mismo es y no es a la vez, y mientras que no se llega a esto en la deducción no se ha demostrado suficientemente la imposibilidad, pero luego que se ha llegado a ello, se apoya allí como en su último término de resolución y evidentísimo principio.

Y aunque a veces puede deducir lo imposible algo inconveniente, como el que dos contradictorias sean falsas a la vez, o que lo mismo ni sea ni no sea, sin embargo, esto mismo es imposible en tanto que incluye virtualmente otra cosa, a saber, que el que a la vez se niegue y no se niegue alguna cosa de algo es afirmar y negar lo mismo de lo mismo.

9. Cuál es el principio absolutamente primero de la ciencia humana.

Hay que decir, en tercer lugar, cómo ocurre que este principio, *es imposible que lo mismo sea y no sea al mismo tiempo,* sea el primero simplemente en la ciencia humana y principalmente en la metafísica.

La razón es que se llama principio primero rectamente aquél de quien toma la ciencia humana toda su solidez, mas el principio antes enunciado es de esta clase, porque mediante él no sólo se demuestran las conclusiones, sino también los principios. Y no sólo eso, añade Fonseca (*Meta-ph.*, lib. IV, c. 3, cues. 1, sec. 3), sino que también mediante este principio pueden probarse *a priori* los primeros principios. Pero no comprendo por qué llama *a priori* a la deducción a lo impasible, no haciéndose por una causa, sino por un medio extrínseco. A no ser que tal vez entienda por un principio de demostración a priori de este género, no la verdad de los otros principios, lo que no puede hacerse, sino la imposibilidad y repugnancia que se sigue de lo opuesto, pues toda repugnancia se resuelve por último en la contradicción a la que se llega mediante este principio.

Esto es suficiente, en verdad, para que a este principio se le llame absolutamente primero; pues cuando el ingenio humano no comprende de modo inmediato los restantes principios primeros, según son en sí mismos, ayuda mucho y confirma, en su asentimiento, la deducción a lo imposible, la cual puede hacerse en los demás principios por medio de este primero; y él mismo no puede mostrarse en modo alguno por deducción a lo imposible, puesto que no puede inferirse nada que sea más imposible que aquello que en él se enuncia, lo cual es un signo de que éste es el máximamente evidente y primero.

Dije también que el uso de este principio era necesario en la más grande medida en esta ciencia, porque, siendo el ente simplicísimo y pudiendo apenas ser definido, su concepto se aplica y explica con mayor distinción para hacer verdaderas demostraciones, de tal modo que las proposiciones formadas no se juzguen como idénticas.

SE REFUTAN LAS RAZONES OPUESTAS

10. *Por qué se denomina así el primer principio.*

Con respecto al motivo de duda expuesto al principio, se ha explicado ya, en cuanto a su primera parte, que Aristóteles no designa a aquel principio como primero parque se use en metafísica para sus demostraciones propias y directas; pues, antes bien, el propio Aristóteles (*Análiticos posteriores,* lib. 1, cap. 8, tex. 26) dice que este principio no suele entrar formalmente en la demostración.

Se llama, por consiguiente primer principio por otras razones ya explicadas pues es casi el fundamento universal, en la fuerza del cual se apoyan todas las demostraciones y los demás principios pueden, al menos con respecto a nosotros, aclararse y confirmarse, aun cuando esto se haga siempre añadiendo otro principio, bien admitido, bien evidente por sí mismo.

A la primera afirmación se responde que la verdad de este principio no se fundamenta propiamente en la unidad, sino en la oposición y repugnancia de los contradictorios, por lo cual no se podrá probar rectamente que lo que es no puede no ser a la vez, porque lo que es sea sólo uno; además porque, como se dirá más adelante, el ente en cuanto uno no se divide con propiedad del no-ente, sino de otro ente, puesto que del no-ente se divide mejor en cuanto ente, también porque, además, esta misma división del ente del no-ente se fundamenta en que lo mismo no puede ser y no ser a la vez, debido a la repugnancia formal que hay entre estos términos.

A la última afirmación se dice, en primer lugar, que puede ocurrir ciertamente que alguna proposición afirmativa, en cuanto que es más simple que la negativa, sea antes que ésta en el orden de la generación o composición, y, sin embargo, que, en razón de la verdad evidente por sí misma, no sea tan manifiesta ni igualmente primera; y así puede decirse de este principio, puesto que, aunque toda su verdad se fundamente en la naturaleza del mismo ente, el cual por sí excluye el no ser, sin embargo, él mismo, mediante este principio, aunque sea negativo, se manifiesta de modo muy evidente y apto para fundamentar las demostraciones mediante deducción a lo imposible.

11. Cuál es el primer principio en el género de las costumbres, y comparación con el primero en el género de la naturaleza.

Teniendo en cuenta lo dicho, se resuelven fácilmente muchos argumentos que suelen hacerse contra la opinión de Aristóteles acerca de este primer principio, como el que conste de muchas palabras que no son ni muy universales ni plenamente evidentes, tales como *al mismo tiempo y lo mismo,* las cuales expresan relaciones que son posteriores a las cosas absolutas. También el que son posteriores a las cosas absolutas. También el que sea una proposición modal, la cual supone otra anterior categórica.

A estas objeciones y otras parecidas se responde que con ellas se prueba, a lo sumo, que ésta no es la primera proposición o composición que el entendimiento forma, pero no, empero, que no sea el primer principio, porque a éste no le es necesario ser la primera proposición, sino sólo que de él dependa de alguna manera la ciencia de todas las demás verdades, siendo él mismo de tal modo verdadero, evidente e indemostrable que no depende de ningún otro; y todo esto le conviene al primer principio, según se ha demostrado.

Este principio puede ser reducido a términos más simples diciendo *ningún ente es y no es;* y así queda formado de términos simples, universalísimos y primeros, lo cual es necesario al primer principio para que pueda ser común a todas las ciencias, como advirtió Santo Tomás (*Suma Teológica,* L1 2, q. 94, art. 2). Advierte allí que este principio es el primero en el orden especulativo, pues en el orden práctico o moral se da otro primer principio, a saber, todo lo bueno debe hacerse y evitarse lo malo; pues ya que todas las acciones morales versan sobre el bien y el mal, el primer principio moral debe estar formado por estos términos; sin embargo, puesto que el orden práctico se fundamenta en el especulativo, el primer principio de lo especulativo es, simple y absolutamente, el primero.

Sobre si este principio es de tal modo evidente que no puede ser negado por ningún entendimiento, aunque lo parezca intentar por medio de la palabra, y también de qué modo debe razonarse contra el que maliciosamente lo negara, bien sea refutándole a partir de las proposiciones aceptadas, bien llevándole a incongruentes contradicciones mediante los sentidos, trata ampliamente Aristóteles (Metaph., lib. IV, caps. 3, 4 y 5), sobre lo cual pueden verse los expositores, porque no es ocasión para que en este asunto nos demoremos más.